Добрый Мой Пастырь

Господь подобен доброму пастуху. Он дает мне все необходимое.

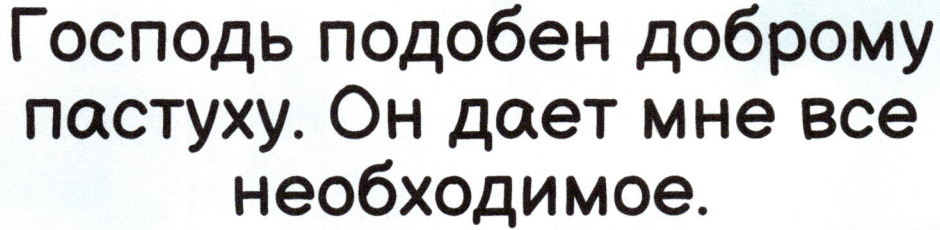

«Господь — Пастырь мой; я ни в чем не буду нуждаться.»

Он даёт мне новые силы и укрепляет мой дух.

«Он душу мою оживляет.»

Он помогает мне поступать правильно, чтобы окружающие узнавали, насколько добр Бог.

«И ведет меня по путям праведности ради имени Своего.»

Так что, когда что-то кажется темным и страшным...

«Пусть пойду в темноте долины смерти,»

я не стану бояться, потому что Бог со мной.

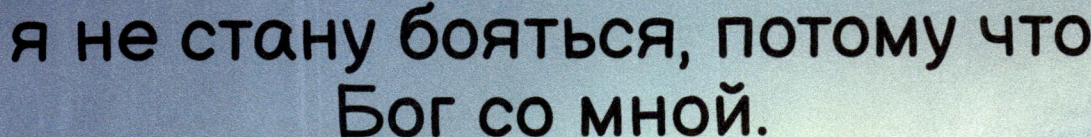

Он защищает меня и утешает меня.

«Твой жезл и Твой посох — они успокаивают меня.»

Его доброта и любовь всегда будут рядом со мной.

«Так, благо и милость да будут со мною все дни моей жизни,»

И я буду жить с Ним вечно, на земле и на Небе.

«И пребуду я в доме Господнем многие дни.»

Помогите пастуху найти его потерянную овцу.

Используя эти картинки, расскажи историю о том, как добрый пастух заботится о своих овцах.

Вы можете найти эти изображения где-нибудь в книге?

Найди 8 отличий.

Господь — Пастырь мой; я ни в чем не буду нуждаться.
Он покоит меня на зеленых пастбищах
и водит меня к тихим водам.
Он душу мою оживляет и ведет меня по путям
праведности ради имени Своего.
Пусть пойду в темноте долины смерти,
не устрашусь я зла, потому что Ты со мной;
Твой жезл и Твой посох — они успокаивают меня.
Ты приготовил мне пир на виду у моих врагов,
умастил мне голову маслом, и чаша моя полна.
Так, благо и милость да будут со мною
все дни моей жизни,
и пребуду я в доме Господнем многие дни.

Больше книг в этой серии:

 Если вам понравилось, пожалуйста, расскажите о нас вашим друзьям.

 Посетите наш сайт по адресу www.iCharacter.org

 Вы также можете найти наши электронные книги здесь: iBookstore, Amazon Kindle и Google.

Опубликовано iCharacter Ltd. (Ireland)
www.icharacter.org
Составлено Агнес де Безенак
Перевод: Наталия Феррейра
Авторское право 2020.

Авторское право © 2020 iCharacter Ltd. Все права защищены. Никакая часть этой книги не может быть воспроизведена в любой форме или любым электронным или механическим способом, включая системы хранения и поиска информации, без письменного разрешения издателя или автора, за исключением случаев, когда рецензент может процитировать краткие отрывки, использованные в критических статьях или в рецензии.